美木良介

ジャパネットの社員が毎朝実践する

ロ[illegible]グブレス

1週[illegible]せプログラム

幻冬舎

はじめに

免疫力を高め、コロナ太りを解消する最強の1週間プログラムをお届け！

こんにちは、美木良介です。私が考案した「ロングブレス」は呼吸法を基本としたエクササイズです。そもそものきっかけは、22年間苦しんできた腰痛にありました。歩くことはおろか立つことすらままならず、なんとかしたいと病院を回り、いろいろな文献を調べていたところ、この「呼吸法」に行きついたのです。強く長く吐く呼吸を続けていくと、腰痛が解消されるだけでなく、なんと40日間で体重が13・5kg減り、体脂肪率も肥満レベルの25％から6・0％に激減！　身体も引き締まり、肌ツヤもよくなるなど、見た目にも変化が出てきました。そこからロングブレスは、ダイエット法、健康法、アンチエイジング法としてご好評をいただいています。

そして今回は、このダイエット法をさらにわかりやすく、続けやすくした「1週間即やせプログラム」をご紹介します。効果は即やせだけではありません。今皆さんが最も心配している、新型コロナウイルスに負けない免疫力を高めるプログラムでもあります。

2020年4月、緊急事態宣言が出されました。そのとき、日本を代表する通信販売会社のジャパネットたかたの高田社長から電話をいただいたのです。それは、

「美木さん、ジャパネットはこれから全社員がテレワークになります。社員の健康を守りたいので、毎日自宅でできるトレーニングメソッドを作ってもらえませんか？」という依頼でした。

私がまず考えたことは、**「コロナに負けない免疫力の高い身体をつくる」「家にいると太りやすくなるので、身体を引き締めるメソッドにする」「テレワークで肩こりや腰痛になりやすいので、それらを改善するメソッドを入れる」「身体だけでなく、心も健康になるメソッドを入れる」**、そしていちばん大切なのは、**「社員の皆さんが続けられるメソッドにする」**ことでした。そしてでき上がったのが、この「ロングブレス　1週間即やせプログラム」です。ジャパネットの社員の皆さんは、自粛期間中、毎朝続けてくださいました。さらに**髙田社長をはじめ、社員の皆さんから、「身体が引き締まった」「体温が上がった」「腰痛が治った」「肩が楽になった」と感謝の言葉もたくさんいただきました。**あまりにも反響が大きかったので、ぜひ皆さんにもお届けしたいと、本書を緊急発売することにしたのです。

今回は誰でも簡単に取り組めるように、曜日ごとにプログラムを分けています。続けていくうちに、身体も心も変わっていくのが実感できることをお約束します。さあ皆さん、私と一緒に毎日10分のトレーニングと3分のマインドフルネスで、心身ともに健康で美しく、免疫力の高い身体をつくりましょう。では始めますよ！

経緯と
メッセージ

「ロングブレスはいいもの」という想いを社員や世の中へ広く伝えていきたい

株式会社
ジャパネットホールディングス
代表取締役社長兼CEO
高田旭人さん

緊急事態宣言が出された２０２０年4月、美木さんに社員向けのロングブレスの動画作製を依頼しました。新型コロナウイルスが猛威をふるい、在宅勤務に切り替えたとき、いちばん心配だったのは社員の「気持ち」でした。家に閉じこもり、身体を動かす機会や人との関わりが減ってしまう中で、どうしたら社員が元気でいられるかと考えたときに美木さんの顔が浮かんだのです。

経営者は健康が第一です。私自身、ロングブレスを1年半続けて、自分の心身が変わっていくのを目の当たりにし、「本当にいいものだ」という実感があったので、社員と一緒にやりたいと思ったのです。

でき上がったプログラムを見て、嬉しかったです。身体だけでなく心も整えるようなプログラムになっていて、しかも毎日続けられるように考えられている。私が想像していた以上でした。実際、動画を配信し社員が取り組むと、「腰痛が軽くなった」「こんなに汗をかくとは思わなかった」「家族みんなでやっています」など、嬉しい反応がたくさんありました。ロングブレスのよさをわかっている社員が増えたと実感しています。

ロングブレスのすばらしさは場所を選ばず、いつでも道具を使わずにできること、そしてなんといっても結果が得られることです。決して楽な運動ばかりではありませんが、だからこそ効果が期待できるのがロングブレスだと思います。

ジャパネットはいいものを伝えていくことを大切にしており、社員だけでなく、世の中へもっとロングブレスを広めていきたいと思っています。

効果に太鼓判！

ダイエットや美容に効き、免疫力もアップ！ロングブレスはすばらしいエクササイズ

さかえクリニック院長　医学博士
日本美容外科学会認定専門医
順天堂大学医学部非常勤講師
末武信宏先生

美木さんが考案されたロングブレスのすばらしさは、「呼吸を意識的に行う」ところにあります。強く長く吐く呼吸こそが、心身の健康や美容、そして新型コロナウイルスに負けない免疫力の高い身体をつくる秘訣といってもいいでしょう。

私は長年、自律神経の研究をしています。自律神経とは、呼吸や血液循環、消化、体温などをコントロールする神経組織で、自分の意思とは無関係に24時間働き続けています。その中で唯一、呼吸だけが自分で意識的にコントロールできるのです。

美容やダイエットにも深い関わりがある自律神経。緊張を司る交感神経とリラックスを司る副交感神経に分類されますが、30代あたりから副交感神経の機能が低下します。すると私たちの身体は手っ取り早くそれを押し上げようと、食べることに走ってしまうのです。どうでしょう、皆さんも30代あたりからやせづらくなった、ストレスがたまって食べすぎてしまったなど、実感しているかもしれません。それはこういった理由が裏にあるからなのです。

他に、確実に副交感神経の機能を高める方法があります。それが、〝呼吸〟なのです。強く長く吐く呼吸を繰り返すことで自律神経のバランスが整い、また、呼吸をするときに使われる呼吸筋をはじめとしたインナーマッスルが刺激され、全身の血流がよくなり、エネルギーが消費されて代謝も上がります。これが、ロングブレスがダイエットにつながる理由です。

呼吸によってストレスも軽減されますから、精神的にも安定します。血流がよくなり体温が上がれば免疫力もアップし、新型コロナウイルスなどの感染症にかかりにくい強い身体をつくることにも。体温が1度上がると免疫力が高まると実証されています。ロングブレスの呼吸法を取り入れたエクササイズで全身の筋肉を鍛えることによって、これらの効果をより高めることができるでしょう。ぜひ毎日続けて、美しく健康な身体を手に入れてください。

ジャパネットの社員が毎朝実践する

ロングブレス

1週間即やせプログラム

PART

1

日曜日は 呼吸の日

呼吸のポイントは、
お腹をへこませたまま「強く長く吐く」こと。
呼吸には脂肪燃焼効果があり、呼吸をするだけで
引き締まった身体をつくることができます。

※本書のプログラムを初めて実践する場合、
この「呼吸の日」のプログラムから行ってください。

呼吸
を鍛えるワケ

強く長く吐く呼吸をマスターすれば、やせやすく太りにくい身体になる！

私が考案した「ロングブレス」メソッドの中で、要となる呼吸法。まずは3つのことを身につけてください。それは、「丹田（おへそから指3本下）を意識して呼吸をする」「肋骨《ろっこつ》と腰骨の間をまっすぐ伸ばして呼吸する」「強く長く吐く呼吸をする」です。

この章では、基本の呼吸法とロングブレス、そして肩甲骨と股関節を柔らかくするストレッチを中心にお届けしますが、決して激しいエクササイズではありません。

しかし、すべてやり終えるころには体温が上がり、身体の内側からポカポカしてくることでしょう。身体を構成する約60兆個の細胞のすみずみまで酸素を行き渡らせることができるわけですから、手足の冷えに悩む方にも効果てきめんです。また、体温を上げると免疫力がアップし、病気にかかりにくい身体をつくることにもつながります。そしてもちろん、代謝がよくなるので、やせやすく太りにくい身体になります。息を思い切り吐くことで、フェイスラインがきれいになる効果も。

さらに忘れてはいけない効果がもうひとつ。ゆっくりとした呼吸は、脳を休め、精神もリラックスさせてくれます。つまり、呼吸ひとつで、健康で美しい身体と安らかな心を手に入れることができるのです。

毎週日曜日は「呼吸の日」。週のはじめからよりよいスタートを切るために、ぜひしっかり取り組んでみてください。

1 小顔効果 身体引き締め

基本の呼吸法1

**まずは、息を吐くことに慣れるため、
丹田を意識した呼吸法を習得します。
「3秒で吸って15秒ゆっくり吐く」を6回行います。**

①

丹田に手をあてて 鼻から3秒息を吸う

かかとをつけて立ち、手のひらをおへそから指3本下の丹田にあて、お腹がへこんでいることを確認しながら鼻から3秒息を吸います。

②

丹田を意識して 口から15秒息を吐く

丹田を意識し、お腹をへこませたまま、口から15秒息をゆっくり吐きます。お腹と背中がくっつくようなイメージで。①〜②を6回。

2

小顔効果　身体引き締め

基本の呼吸法2

**今度は息を強く吐く呼吸法です。
肋骨と腰骨の間をまっすぐ伸ばして、
「3秒で吸って10秒強く吐く」を6回行います。**

①

両手を頭上で合わせ 鼻から3秒息を吸う

かかとをつけ、つま先を開いて立ち、両腕をまっすぐ上に伸ばして両手を合わせます。お尻を締め、鼻から３秒息を吸う。

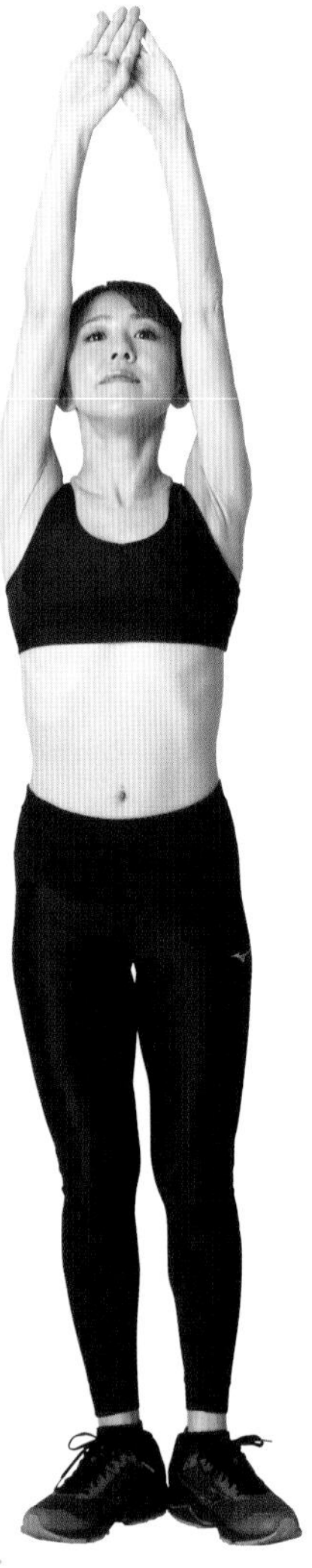

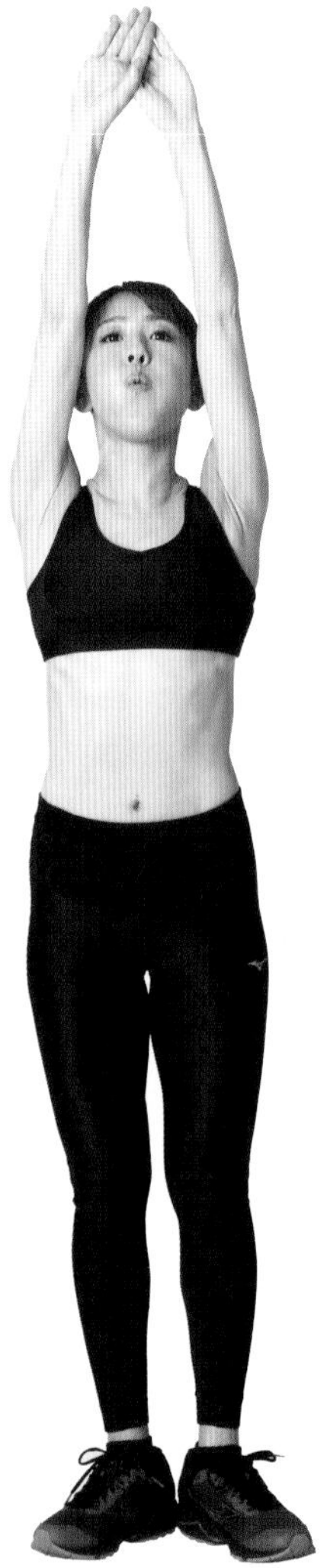

②

頬をふくらませて 口から10秒強く息を吐く

両腕を伸ばしあごを上げた姿勢で、肋骨と腰骨の間を伸ばして口から10秒頬をふくらませて息を吐く。①～②を６回。

3 小顔効果 身体引き締め

基本の呼吸法3

丹田に力を入れ、強く吐く呼吸法です。
基本の呼吸法1の動きにのっとり、
「3秒で吸って10秒強く吐く」を6回行います。

①

丹田に手をあてて 鼻から3秒息を吸う

かかとをつけて立ち、手のひらをおへそから指3本下の丹田にあて、お腹がへこんでいることを確認しながら鼻から3秒息を吸います。

②

丹田に力を入れ 口から10秒強く息を吐く

丹田に力を入れ、お腹をへこませたまま、口から10秒息を強く吐きます。お腹と背中がくっつくようなイメージで。①～②を6回。

基本の呼吸法[1][2][3]で習得した「お腹をへこませたまま、強く長く吐く呼吸」を繰り返すのがロングブレスです。「3秒で吸って7秒強く吐く」がお約束で脚を替えて3回ずつ行います。

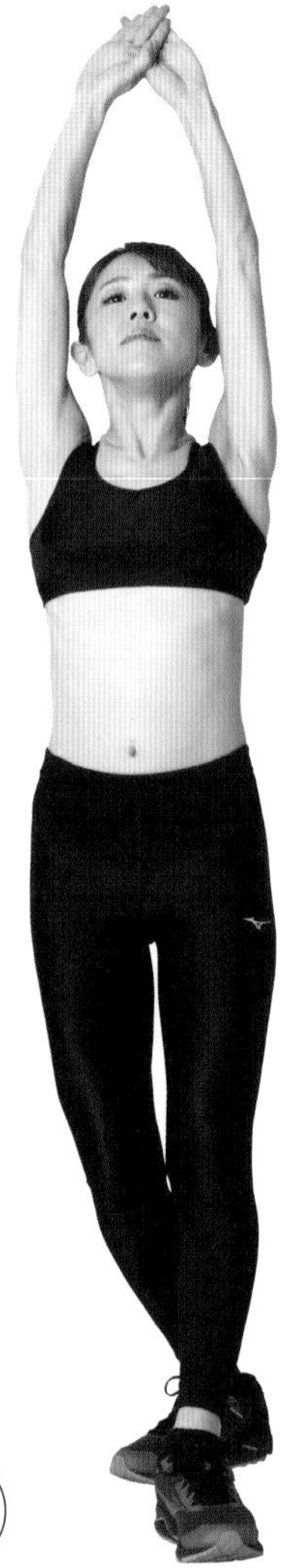

1

背筋を伸ばして お尻をキュッと締める

つま先を少し外側に向けて片脚を半歩踏み出し、お尻を締めて直立。顔は前に向け、両腕を上げて、肋骨と腰骨の間を伸ばします。

2

3秒かけてゆっくり 鼻から息を吸う

鼻から3秒ゆっくり息を吸います。後ろ脚に重心を置き、背中から脚にかけて一直線のラインを描くように上半身を倒します。

4 肩こり・腰痛改善 身体引き締め

ロングブレス

3

肩甲骨がつくくらい両腕を左右に広げる

頭上に伸ばしていた両腕を左右に広げます。肩甲骨がつくくらい上半身を開くことを意識しましょう。ひじが下がらないようにします。

4

大きなボールを横からつぶすように7秒吐く

腕を下ろし、両手で大きなボールを横からつぶすような体勢で、口から7秒吐きます。この呼吸を3回。脚の前後を替えて同様に3回。

5

肩こり改善 血流改善

肩甲骨寄せ

首から肩、背中にかけての血流を改善し、こわばった身体をほぐしていきましょう。「3秒で吸って7秒吐く」を6回行います。

①

背中の後ろで手を組み胸を大きく開く

かかとをつけ、つま先を開いて立ち、両腕を後ろにまっすぐ伸ばして手を組みます。丹田に力を込めながら鼻から３秒吸います。

②

腕をできるだけ伸ばし口から7秒吐き続ける

①の姿勢から頬をふくらませ、口から７秒吐きます。背中周りのぜい肉を減らし、僧帽筋《そうぼうきん》などを刺激し、正しい姿勢に。①～②を６回。

6 肩こり改善 血流改善

肩甲骨回し

**肩甲骨を意識してこわばった肩を重点的にほぐすと、
肩が軽くなるのがわかります。
回しながら呼吸を繰り返しましょう。**

① 肩甲骨を寄せながら前から後ろへ5回

かかとをつけ、つま先は開く。肩甲骨を寄せ、前から後ろへ肩を大きく回しながら、鼻から息を吸って口から吐きます。5回行います。

② 後ろから前へ5回 前から後ろへ5回行う

肩甲骨を寄せた状態で、肩を後ろからグーッと上げて前に回します。これを5回行い、最後に再び前から後ろへ5回行います。

7

肩こり改善　二の腕・背中やせ

肩甲骨ストレッチ1

**肩甲骨が柔らかくなるだけでなく、
背中や二の腕も引き締まります。
腕はできるだけ大きく広げましょう。**

1

腕を顔の前に伸ばし両手の甲を合わせる

鼻から息を吸いながら両腕をまっすぐ前に伸ばし、両手の甲を合わせます。肋骨と腰骨の間を伸ばし、お腹とお尻に力を入れます。

2

息を吐きながら両腕を大きく開く

片脚を前に踏み出し、口から吐きながら腕を大きく広げます。腰をそらさず腕はできるだけ後ろへ。踏み出す脚を交互に替えて6回。

8 肩こり改善 二の腕やせ

肩甲骨ストレッチ2

さらに肩甲骨を柔らかくしていきましょう。
両腕を水平に閉じ開きしながら、
上半身全体の血行をよくしていきます。

1

腕は肩の高さに上げ ひじは直角に曲げる

腕を肩の高さに上げ、肩甲骨を寄せ、ひじを直角にして両腕を水平に開きながら鼻から息を吸います。前かがみにならないように注意。

2

吐きながら顔の前で 手の甲をぴったり合わせる

片脚を出し、重心は後ろ脚に置き、口から気持ちよく吐きながら、両手の甲からひじまでを目の前で合わせます。脚を交互に替えて6回。

9

腰痛改善 **下半身やせ**

股関節ストレッチ

股関節と周囲の筋肉を柔らかくしていきましょう。
太もも、下腹、お尻に効きます。
気持ちよく呼吸しながら、左右交互に6回。

①

腰をゆっくり落とし ひざを直角に曲げる

両脚を大きく開き、股関節を広げるようにひざを押しながらゆっくり腰を落とします。鼻から気持ちよく息を吸います。

ひざは直角に
上半身は
まっすぐに

②

両手を両ひざに置き 吐きながら肩を 内側に入れる

口から息を吐きながら右肩を内側に入れます。①の姿勢に戻したら、左肩を内側に入れて息を吸う。これを左右交互に6回。

10 ウエストシェイプ 身体引き締め

後ろひねり

ウエストに効きます。
くびれをつくり、下腹をへこませましょう。
動きに呼吸を合わせることで脂肪が燃焼し、筋力もアップ。

伸ばした腕はあごの高さまで上げる

①

両脚を広く開き、両腕はひじを曲げて開く

両脚を肩幅より少し広く開き、両腕は肩の高さで保ち、ひじは曲げて手はパーに。お腹をへこませながら鼻から3秒深く息を吸います。

②

ひねりながら右腕を出し左腕は後ろに伸ばす

口から7秒息を吐きながら上半身を左へひねる。右腕は視線の先に伸ばし、左腕は後ろに伸ばします。左右交互に①～②を3セット。

11 脳と心をリセット

マインドフルネス

最後にマインドフルネスを行い、
脳と心をリラックスさせましょう。
息を、5秒吸って5秒止めて10秒ゆっくりと吐きます。

① 目を閉じて座り、鼻から5秒息を吸って5秒止める

背筋を伸ばして座り（椅子に座ってもOK）、目を閉じて鼻から５秒気持ちよく息を吸ったら、５秒止めます。手は丹田に置く。

② 丹田を意識しながらゆっくり10秒かけて吐く

10秒かけてゆっくりと口から息を気持ちよく吐きます。お腹は引っ込めたまま、丹田を意識します。これを９回繰り返します。

PART

2

月曜日と木曜日は 腸腰筋の日

歩くときに必要な脚と体幹を連結する太い筋肉で、
とても重要な腸腰筋《ちようようきん》。
しっかり鍛えることで、姿勢がよくなり、
お腹を引き締める効果があります。

腸腰筋
を鍛えるワケ

太く大きな筋肉を鍛えることで代謝がよくなり、若々しい身体に！

ポッコリお腹をどうにかしたい！　太もやお尻、ふくらはぎを鍛えたい！　月曜日と木曜日のプログラムは、下半身を引き締めたいと望む方に特におすすめです。

　腸腰筋とは、上半身と下半身を連結する太い筋肉で、脚を90度以上高く上げたり、椅子から立ち上がったりするときなどに使われます。骨盤の内側から始まる腸骨筋と、腰のあたりから始まる大腰筋《だいようきん》と小腰筋《しょうようきん》を組み合わせたもので、いわゆる〝インナーマッスル〟でもあります。

　お腹周りの肉が浮き輪のようになっていて落ちない場合、それはまさに腸腰筋が弱っているサイン。内臓を支える筋肉が緩んできているのです。また、つまずきやすくなったり、階段が上りづらかったりするのも、腸腰筋の衰えが原因かもしれません。

　逆にいえば、この腸腰筋をしっかりと鍛えれば、下腹部が引き締まり、姿勢のいい若々しい身体がつくれるというわけです。そして、太く大きな筋肉を刺激することで筋肉量が増え、代謝もよくなるので、確実にダイエットにつながります。

　正直、普段から足腰の運動をしていない方にとっては少々ハードな内容だと思います。きついと感じる方は、はじめは回数を減らして行い、徐々に増やしていくようにしましょう。続けていくうちに、腸腰筋が鍛えられ、身体が引き締まっていくのを実感できますよ。

まずはこの3つから!

1

小顔効果 身体引き締め

肋骨と腰骨の間を伸ばす呼吸

⇒P.14参照

両手を頭上で合わせ
鼻から3秒息を吸い、
頬をふくらませて口から
10秒息を吐きます。

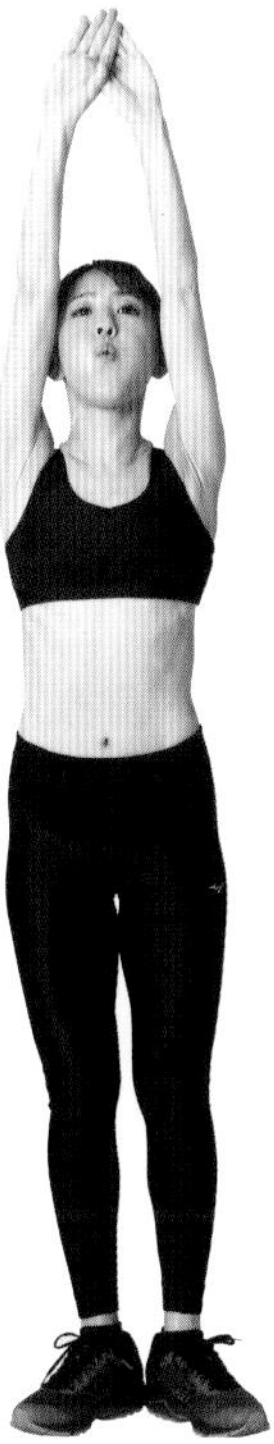

2

小顔効果
身体引き締め

丹田に力を入れた呼吸

⇒P.15参照

丹田に手をあてて鼻から
3秒息を吸い、
丹田に力を入れて
口から10秒息を吐きます。

3

肩こり・腰痛改善 身体引き締め

全身に力を込めたロングブレス

⇒P.16～17参照

背筋を伸ばしてお尻をキュッと締め、
ゆっくり鼻から息を3秒吸い、
肩甲骨がつくくらい両腕を左右に広げます。
大きなボールを横からつぶすように息を7秒吐きます。

4 ヒップアップ　下半身やせ

スクワット

スクワットで大事なことは、最初から軽くひざを曲げておき、ひざを伸ばしきらないこと。ひざを痛めてしまうからです。椅子から立ち上がるときに使う筋肉を鍛えます。

①

脚を大きく開き、吸いながら4回お尻を上げ下げする

両ひざを外側に向けて大きく開き、軽くひざを曲げます。腸腰筋に手をあて、息を吸いながら4回お尻を上げ下げします。

②

吐きながら6回お尻を上げ下げする

背筋はまっすぐにしたまま、吐きながら6回お尻を上げ下げします。①〜②を5回。ひざを伸ばしきらないようにしてください。

5

腰痛改善 下半身やせ

股関節のストレッチ1

腸腰筋や股関節周りの筋肉を横方向に気持ちよく伸ばし、太もも、ふくらはぎに働きかけていきます。続けていくうちにどんどん柔らかくなっていきます。

①

脚を大きく開いて片ひざを曲げお尻を落とす

脚を大きく開いて片ひざを曲げ、両手を置き、気持ちよく呼吸しながらお尻を垂直に落とし、腸腰筋を伸ばします。左右の脚を替えて2回ずつ。

②

さらに深くお尻を落としていく

さらに深くお尻を落とし、気持ちよく呼吸をしながらできるだけ腸腰筋を伸ばしていきます。左右の脚を替えて2回ずつ。

6

ヒップアップ　下半身やせ

股関節のストレッチ2

**今度は股関節周りの筋肉を縦方向に伸ばしていきます。
背筋をまっすぐにして、気持ちよく伸ばしましょう。
左右の脚を替え、曲げる深さも変えてそれぞれ2回ずつ。**

①

片脚を大きく前に踏み出し気持ちよく脚を伸ばす

背筋を伸ばしたまま、片脚を大きく前に踏み出し、両手をひざに置き、気持ちよく呼吸しながら後ろの脚をまっすぐ伸ばす。左右の脚を替えて2回ずつ。

②

片脚を大きく前に踏み出し後ろ脚のひざを深く落とす

①と同じように片脚を大きく前に踏み出し、両手をひざに置きます。気持ちよく呼吸しながら、後ろに伸ばした脚のひざを深く落とします。左右の脚を替えて2回。

7 ウエストシェイプ 下半身やせ

腸腰筋トレーニング

腸腰筋を鍛えるメソッドの中ではかなりハードです。
「脚の上げ下げ4回で鼻から吸って6回で口から吐く」を、
脚を替えて6セットずつ行います。

① 背筋を伸ばして腸腰筋を押さえて立つ

かかとをつけてお尻をキュッと締め、まっすぐに立ちます。両手で腸腰筋を押さえ、顔は前に向け、肋骨と腰骨の間を伸ばします。

② 脚の上げ下げ4回で吸って6回で吐く

ひざを曲げた右脚を上げ下げします。脚の上げ下げ４回で鼻から吸って６回で口から吐きます。６セット行ったら左脚も同様に。

8 肩こり・腰痛改善　全身シェイプ

リズム運動

**たった2分間で運動不足が解消し、
背中とウエストもシェイプアップ！
持久力もつきます。**

①〜③をそれぞれ
「4回で吸って6回で吐く」で6セット。

1

胸の高さで両腕を左右にひねる

両腕は胸の高さに上げ、ひじを曲げて手はグーにします。脚踏み（2秒間に約3回）に合わせ、腰を左右にひねります。

2

腰の高さで両腕を左右にひねる

腰の位置でのひねりをしっかり意識しながらひざを高く上げ、腕を後ろに振ります。ひざは90度以上上げます。

3

脚踏みとテンポを合わせて腕を振る

リズムよく脚踏みし、両腕を縦に思い切り振ります。腕振りの動作を大きめに行えば、肩から腕の血行がよりよくなります。

9 脳と心をリセット

マインドフルネス⇒P.24参照

楽な姿勢で目を閉じて座り、鼻から5秒息を吸って5秒止めます。丹田を意識しながら10秒息を吐きます。

月曜日と木曜日「腸腰筋の日」の流れ

1.肋骨と腰骨の間を伸ばす呼吸
↓
2.丹田に力を入れた呼吸
↓
3.ロングブレス
↓
4.スクワット
↓
5.股関節のストレッチ1
↓
6.股関節のストレッチ2
↓
7.腸腰筋トレーニング
↓
8.リズム運動
↓
9.マインドフルネス

コラム

「ロングブレスは健康やダイエットに欠かせないお守りのような存在です」

ロングブレスインストラクター
北林明日香さん

ロングブレスを始めて6年になります。きっかけはロングブレスを始めた友人が、どんどん身体が引き締まってきれいになっていくのを見たからです。それからすっかりロングブレスの虜《とりこ》になり、今ではインストラクターにまでなってしまいました。

ロングブレスを指導し始めたころは、10代から80代まで幅広い年代の女性のお客様が多かったのですが、最近では起業家や経営者のお客様もたくさんいらっしゃいます。企業のトップの方は、健康を大事にされている人が多いんです。

私自身、ロングブレスを始めてすぐ、ひどかった肩こりが解消しました。肩こりがなくなって首周りがスッキリしたためか、顔のむくみもなくなって、まわりからも「身体が引き締まった」「身体のラインが変わった」と言われます。代謝がよくなったのか、たくさん食べても太りにくくなりましたね。

体調がよくなると、気持ちにも変化が出てきました。自分の身体に自信が持てると何にでもチャレンジしようという明るい気持ちになれますし、呼吸をすることで心が整うので、いろいろな場面で気持ちをコントロールできるようになりました。ロングブレスは私にとって、心身の健康を保つ上で欠かせない、まるでお守りのような存在です。

PART

3

火曜日と金曜日は体幹の日

ここでは身体の軸となる体幹の筋肉を鍛えます。
全身に負荷をかけるので少し大変ですが、
きついエクササイズには初級編をつけています。
できるところから始めてみてください。

体幹
を鍛えるワケ

お腹、脚、お尻、腕、背中が一気にシェイプされ、美しいボディラインに！

身体の軸になる部分のことを「体幹」といいます。具体的には、首から脚の付け根まで、手脚や頭をのぞく胴体部分を指します。

体幹の大きな役割のひとつが、姿勢を正しく保つこと。例えば自転車に乗っているとき、グラッと揺れてもまっすぐな体勢を保とうとしますね。あのときに働いているのが体幹の筋肉です。歩いたり走ったりするときも、体幹の筋肉が作用して姿勢を安定させ、身体のバランスを保っています。

つまり、体幹を鍛えれば、正しい姿勢が保たれ、身体の中心部が安定して引き締まり、美しいボディラインを手に入れることができるというわけです。

体幹にはエネルギー燃焼能力の高い筋肉がたくさんあります。そしてここで紹介するものは、体幹のトレーニングに呼吸という〝負荷〟をプラスすることにより、ただ運動するよりも何倍もの効果が期待できるプログラムになっています。

ただし、広範囲の筋肉に働きかける動きなので楽ではありません。きつい方は「初級編」のできるところから始めてください。どんなに大変でも「お腹を引っ込めたままの呼吸」を忘れずに。インナーマッスルに働きかけ、お腹周りの引き締め効果が期待できます。全身を鍛えるので二の腕や太ももも、ふくらはぎ、足首にも効き、ヒップアップも望めます。ぜひ、今日は「一気にやせる日」と思って、頑張りましょう。

まずはこの3つから!

1

小顔効果 身体引き締め

肋骨と腰骨の間を伸ばす呼吸

⇒P.14参照

両手を頭上で合わせ
鼻から3秒息を吸い、
頬をふくらませて口から
10秒息を吐きます。

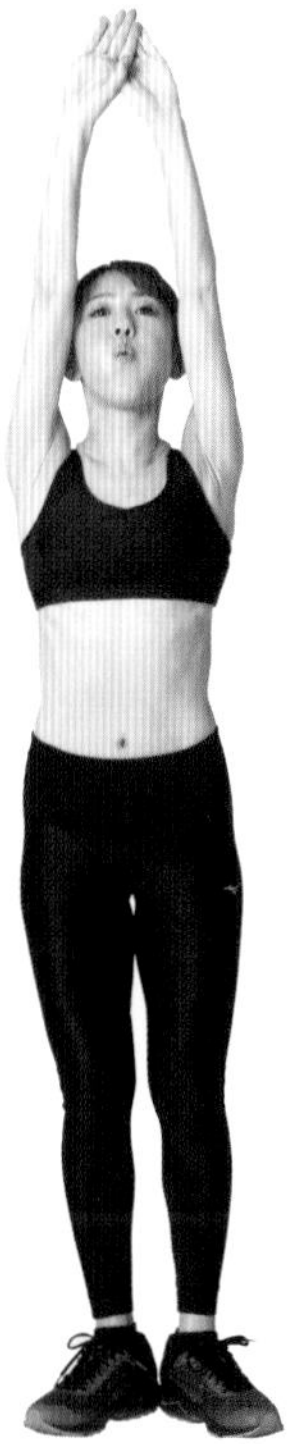

2

小顔効果
身体引き締め

丹田に力を入れた呼吸

⇒P.15参照

丹田に手をあてて鼻から
3秒息を吸い、
丹田に力を入れて
口から10秒息を吐きます。

3

肩こり・腰痛改善 身体引き締め

全身に力を込めたロングブレス

⇒P.16～17参照

背筋を伸ばしてお尻をキュッと締め、
ゆっくり鼻から息を3秒吸い、
肩甲骨がつくくらい両腕を左右に広げます。
大きなボールを横からつぶすように息を7秒吐きます。

4

ヒップアップ　脚やせ

大臀筋トレーニング

通常30代から衰え出すお尻の筋肉。
お尻の表面にあるいちばん大きな筋肉・大臀筋《だいでんきん》を鍛えて、
若々しい身体をキープしましょう。

①

かかとを
お尻に引き
つけるように

②

背中から
脚まで
まっすぐに

①

両手をつき、片方のひざを上げる

両手を肩幅より広めの位置でつき、ひざも床につけます。片方のひざを上げ、かかとをお尻に引きつけるようにします。

②

上げたひざを伸ばし後ろを蹴るように

①で引きつけた脚を伸ばし後方を蹴るようにします。①～②の動作４回で鼻から吸って６回で口から吐きます。左右５セットずつ。

5 ヒップアップ 脚やせ

中臀筋トレーニング

次に中臀筋《ちゅうでんきん》を鍛えましょう。中臀筋はお尻の横側にある筋肉で、骨盤を安定させる役割があります。

ここを鍛えることで、ヒップアップが実現します。

①

②

脚はなるべく
ゆっくり上げる

① 両手両ひざをつき、顔は前を向く

床に両手両ひざをつき、顔は前を向きます。背中はなるべく床と平行になるように。腰をそらさないように気をつけて。

② ひざを真横に上げ下げする

ひざを曲げたまま、片脚をお尻の高さまで真横に上げ下げします。上げ下げ４回で鼻から吸い、６回で口から吐きます。左右３セット。

6

肩こり改善　二の腕やせ

腕立てふせ

胸筋を鍛え、肩甲骨周りを引き締めて背中のラインをきれいにする腕立てふせ。二の腕にも効きます。ハードですが気合いを入れてやりましょう。

両手の幅はなるべく広く

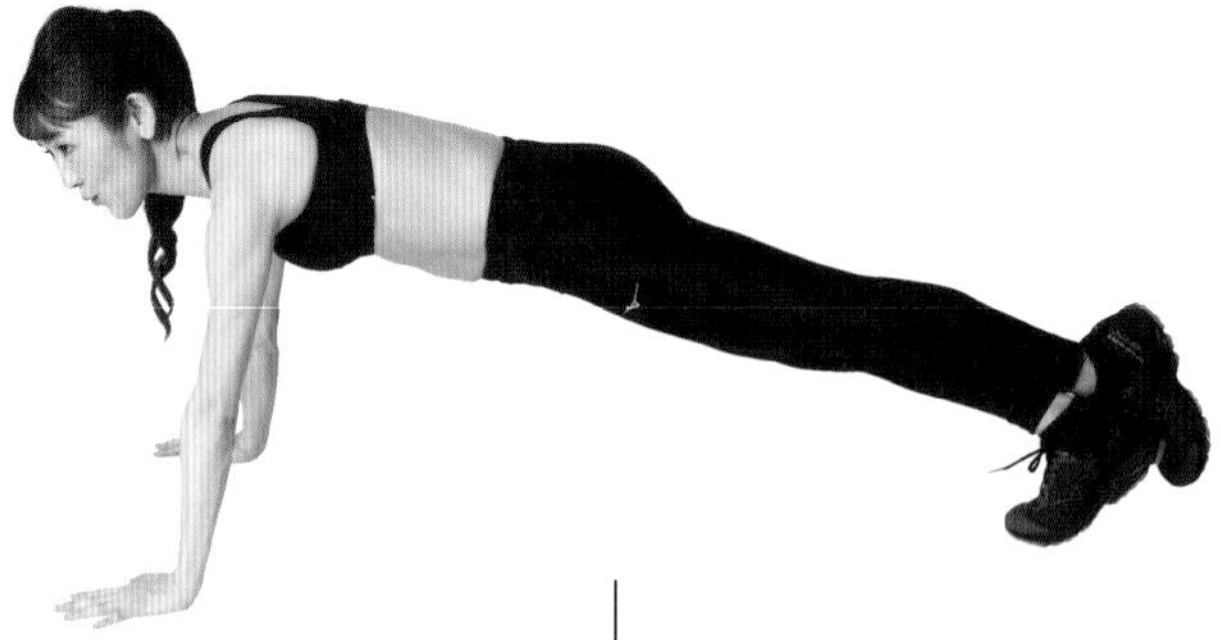

①

片脚と両手で身体を支え、息を3秒吸う

両脚をクロスさせて片方のつま先を床に、両手をなるべく広めにつきます。腰が落ちないようにしながら、鼻から3秒息を吸います。

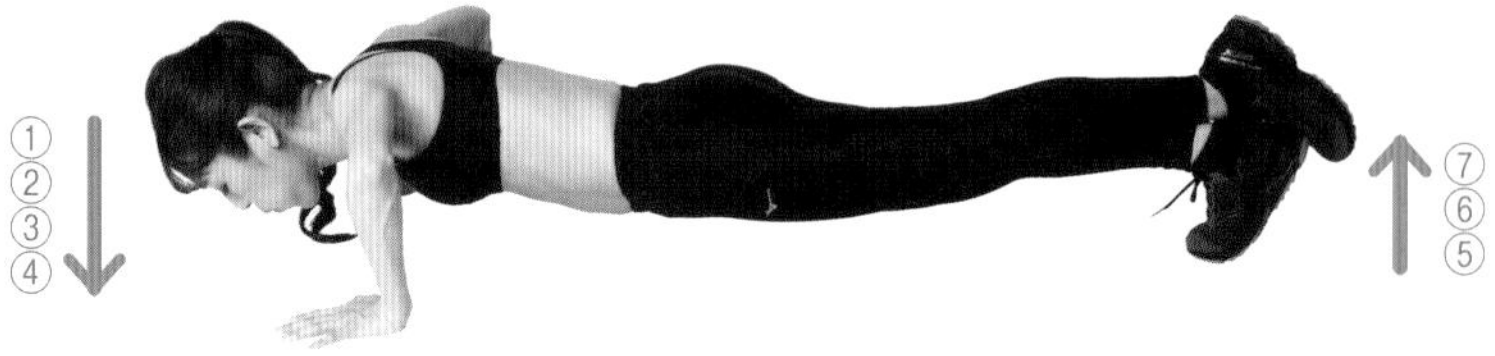

②

息を吐きながら腕を曲げ伸ばし

お腹をへこませて息を吐きながら4秒で腕を小刻みに深く曲げ、次の3秒で吐きながら腕をまっすぐ伸ばします。①～②を10回。

初級編

3点で身体を支えるのが難しい人は、両ひざをついて同様に行います。

7 背中・下半身やせ ヒップアップ

体幹トレーニング1

**体幹の筋肉を意識できるトレーニングです。
きついですが、腰が落ちてしまわないように注意。
腰痛がある人は背中をやや丸めてもOKです。**

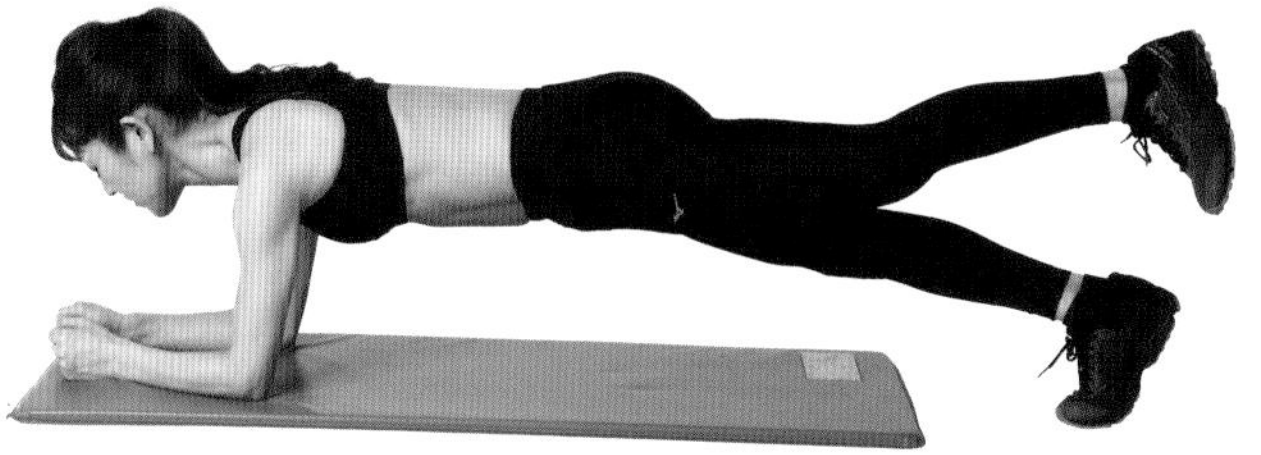

① ひじをつき、片脚を上げる

両ひじをつき、片脚をなるべく高く上げます。頭やお尻、脚が下がらないようにして、お腹をへこませたまま鼻から3秒息を吸います。

お腹は
へこませたまま

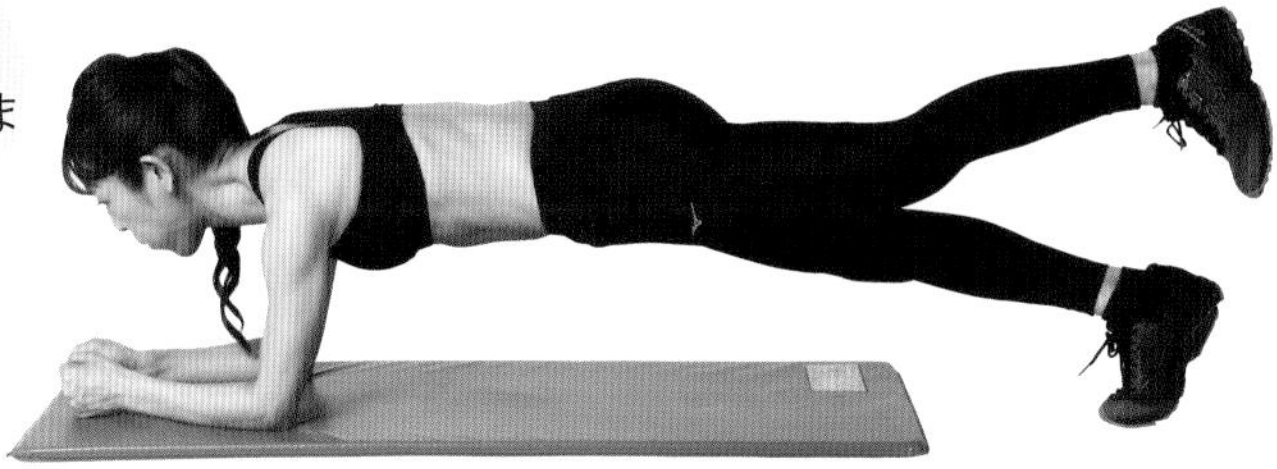

② 片脚を上げた姿勢で7秒息を吐く

①の姿勢のまま、口から7秒息を吐きます。お腹はへこませたまま、強い呼吸で筋肉に負荷をかけ、脚を上げ続けます。①〜②を左右3回ずつ行います。

初級編

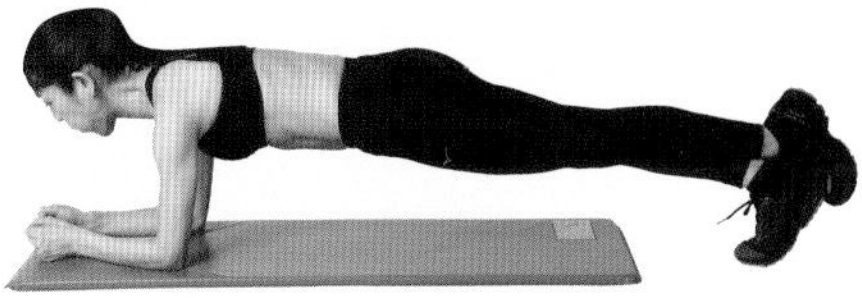

脚を上げるのが難しい人は、
両脚をクロスさせて同様に行います。

8

ウエストシェイプ　背中・下半身やせ

体幹トレーニング2

**身体の側面は日常生活でほとんど使わない場所。
その分、このトレーニングの難易度はやや高めですが、
鍛えると確実にくびれのある美しいウエストになります。**

1

片ひじで身体を支え片脚を上げる

横になって片ひじで身体を支え、両脚を前後に少しずらし、腰を浮かして片脚を上げる。もう一方の腕をまっすぐ上げて鼻から3秒息を吸います。

2

身体が落ちないように、左右6回ずつ行う

口から7秒息を吐きながら脚をなるべく高く上げ続けます。お腹を引っ込めたまま、腰が落ちないようにキープ。左右の脚を替えて6セット。

初級編

脚を上げるのが難しい人は、
両脚を前後させて息を吐きます。

9 背中・下半身やせ ヒップアップ

体幹トレーニング3

**仰向けで両ひじから下を床につき、腰を浮かせて呼吸します。
背筋が鍛えられ、背中が引き締まるだけでなく、
お腹周りもスッキリします。**

① 仰向けで両ひじをつき腰を浮かせる

仰向けになって両ひじをつき、お尻を浮かせます。お尻をキュッと締め、鼻から3秒息を吸います。身体が一直線になるように。

お腹は
へこませたまま

② 丹田を意識して7秒息を吐く

①の姿勢をキープしたまま、口から7秒息を吐きます。丹田に意識を集中し、深い呼吸を繰り返しましょう。①～②を6回行います。

初級編

腕を曲げるのが難しい人は、手のひらだけを床についた状態で同様に行います。

10 背中・下半身やせ ヒップアップ

体幹トレーニング4

バランスをとりながら全身の筋肉を鍛え、
身体の軸を強くまっすぐにするトレーニングです。
脚やお尻の筋肉も使うので、美脚・美尻効果も期待できます。

① 対角線上に手と脚を伸ばす

左手と右脚のつま先で身体を支え、右手と左脚を上げ、身体を一直線に。上げた脚が下がらないようにしながら、鼻から3秒息を吸います。

② お腹をへこませて7秒息を吐く

①の姿勢のまま、口から7秒息を吐きます。お腹はへこませたままです。①～②を6回。逆の組み合わせも同様に行います。

脚を上げるのが難しい人は、支えているひざを床につき同様に行います。

11 ウエストシェイプ ヒップアップ

ねじり腹筋

**ウエストをねじりながら脚の曲げ伸ばしをします。
かなりハードですが、ウエストの引き締め効果バツグン！
「4回で吸って6回で吐く」で10セット行います。**

①

ひざを胸に
引きつける
ように

②

②

同様に頭を上げて
上体を左にねじる

①と反対に、左脚のひざを曲げて胸になるべく近く引きつけながら、上体を左にねじります。①〜②を「4回で吸って6回で吐く」で10セット行います。

①

頭を上げて
上体を右にねじる

仰向けになって頭を少し上げ、頭の後ろで両手を組みます。右脚のひざを曲げて胸に引きつけながら、上体を右にねじります。

12 脳と心をリセット

マインドフルネス⇒P.24参照

楽な姿勢で目を閉じて座り、鼻から５秒息を吸って５秒止めます。丹田を意識しながら10秒息を吐きます。

火曜日と金曜日「体幹の日」の流れ

1.肋骨と腰骨の間を伸ばす呼吸
↓
2.丹田に力を入れた呼吸
↓
3.ロングブレス
↓
4.大臀筋トレーニング
↓
5.中臀筋トレーニング
↓
6.腕立てふせ

7.体幹トレーニング1
↓
8.体幹トレーニング2
↓
9.体幹トレーニング3
↓
10.体幹トレーニング4
↓
11.ねじり腹筋
↓
12.マインドフルネス

PART

4

水曜日と土曜日は

肩こり＆腰痛改善の日

身体の「こり」を放置しておくと
血流が滞り、代謝が悪くなりやせづらい身体に。
私自身も長年悩んだ腰痛をやわらげるメソッドから、
肩こりに効くエクササイズを紹介します。

肩・腰
を鍛えるワケ

肩や腰のこわばり&ぜい肉がとれて、身体がどんどん軽くなる!

デスクワークや運動不足などにより、日本人の多くが肩こりや腰痛に悩まされています。「こり」とは筋肉がこり固まっている状態のこと。肩こりや腰痛に苦しんでいる場合、その部分への負担を減らすため、無意識に動かすことをためらいます。

しかし、その結果、姿勢が悪くなり、ますます筋肉がこり固まって痛みや疲れを引き起こし、血流が滞って自律神経の乱れを生じさせることも。こうなると、代謝がどんどん悪くなり、やせづらい体質になってしまいます。

肩こりにせよ、腰痛にせよ、軽減するにはまず、筋肉を柔らかくし、血行をよくすることがポイント。さらに、肩甲骨や背骨、腰周りについているぜい肉をとり、筋肉を正しく動かせるようにすることも重要です。ただし、間違ったトレーニングをしてしまうと、かえって痛める恐れが。特に腰は絶対にそらさないようにしてください。

筋肉を柔らかくするには、身体を内側に丸めて伸ばすだけでも十分です。ここではそういった無理なく取り組めるエクササイズを中心にご紹介します。

肩こりや腰痛を解消するには、毎日少しずつでもいいから筋肉を伸ばすことが大事。続けているうちに、徐々に身体が軽くなるのを感じられるようになるはずです。手軽にできるので、ぜひ仕事の休憩時間や家事の合間に行ってみてください。

まずはこの3つから!

1
小顔効果　身体引き締め

肋骨と腰骨の間を伸ばす呼吸

⇒P.14参照

両手を頭上で合わせ
鼻から3秒息を吸い、
頬をふくらませて口から
10秒息を吐きます。

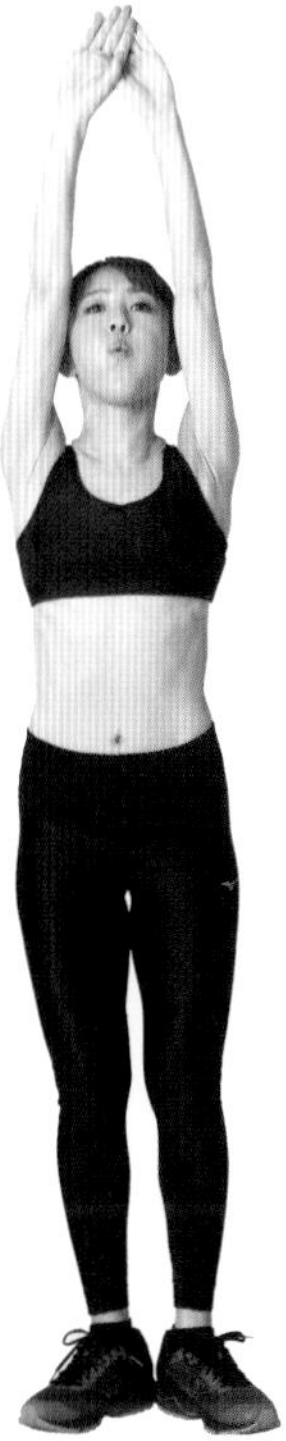

2
小顔効果
身体引き締め

丹田に力を入れた呼吸

⇒P.15参照

丹田に手をあてて
鼻から3秒息を吸い、
丹田に力を入れて
口から10秒息を吐きます。

3
肩こり・腰痛改善　身体引き締め

全身に力を込めたロングブレス

⇒P.16～17参照

背筋を伸ばしてお尻をキュッと締め、
ゆっくり鼻から息を3秒吸い、
肩甲骨がつくくらい両腕を左右に広げます。
大きなボールを横からつぶすように息を7秒吐きます。

4

肩こり改善　脚やせ

肩甲骨トレーニング

リズムよく肩甲骨を動かしながら、かかとを上げ下げ。
肩甲骨が柔らかくなり、ふくらはぎにも効きます。
呼吸に合わせて30回行います。

1 両腕を胸の前で重ねて お尻をキュッと締めて立つ

かかとをつけ、つま先を少し開いてお尻を締め、肋骨と腰骨の間を伸ばすように立ちます。両腕を胸の前で重ねて鼻から息を吸います。

2 両腕を水平に動かし かかとを上げ下げする

口から息を吐きながら左右の肩甲骨を締めるように腕を水平に動かします。腕の動きに合わせてつま先立ちし、かかとを上げ下げ。これを30回。

5 肩こり改善 血流改善

肩甲骨寄せ

**肩甲骨を背中の真ん中に寄せることで、
その周囲にある筋肉もほぐれ、肩こりが改善します。
姿勢が美しくなる効果も。**

② 腕をできるだけ伸ばし口から7秒吐き続ける

①の姿勢から頬をふくらませ、口から７秒吐きます。背中周りのぜい肉を減らし、僧帽筋などを刺激し、正しい姿勢に。①～②を６回。

① 背中の後ろで手を組み胸を大きく開く

かかとをつけ、つま先を開いて立ち、両腕を後ろに回し、まっすぐ伸ばして手を組みます。丹田に力を込めて鼻から３秒息を吸います。

6

肩こり改善　血流改善

肩甲骨回し

肩甲骨を前後に回すだけでも、肩こり改善効果が。
できるだけ大きく回すのがコツです。
回しながらしっかりと呼吸を繰り返しましょう。

肩甲骨を
しっかり背中の
中央に寄せて

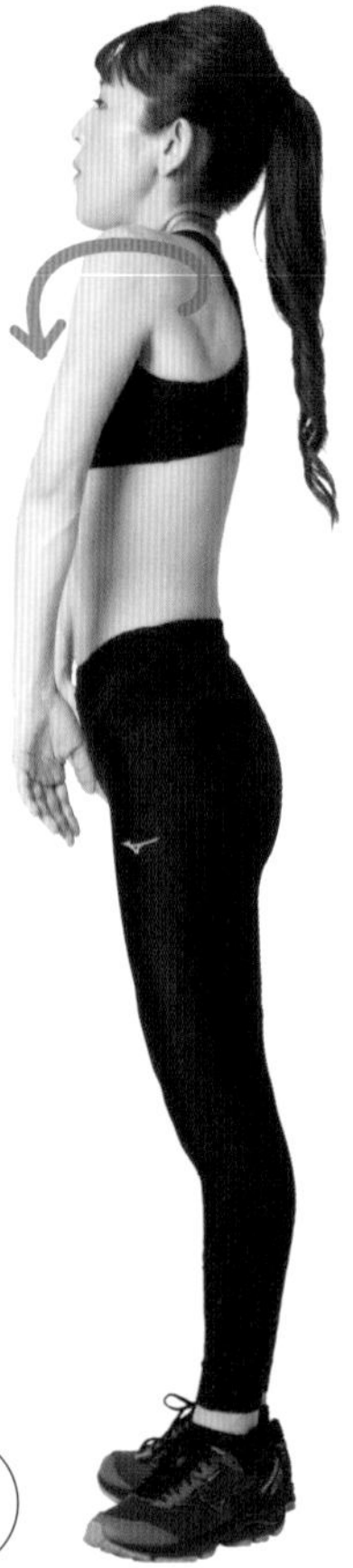

1

肩甲骨を寄せながら 前から後ろへ5回

かかとをつけ、つま先は開く。肩甲骨を寄せ、前から後ろへ肩を大きく回しながら、鼻から息を吸って口から吐きます。5回行います。

2

後ろから前へ5回 前から後ろへ5回行う

肩甲骨を寄せた状態で、肩を後ろからグーッと上げて前に回します。これを5回行い、最後に再び前から後ろへ5回行います。

7

腰痛改善 血流改善

腰椎伸ばし

座りっぱなしの状態が続くと筋肉がカチカチに。
腰をほぐすストレッチで腰椎《ようつい》を伸ばしましょう。
30秒以上は続けてください。

① 脚を大きく開いて座り 両腕を椅子の中に入れる

椅子に浅く腰かけ、脚を大きく開きます。両腕を椅子の中に入れながら背中を丸め、力を抜いてゆっくりと長く吐く呼吸を繰り返します。

② 慣れてきたら 両腕をさらに奥へ

ゆっくり呼吸を繰り返し、慣れてきたら両腕をさらに奥に入れていきましょう。30秒以上キープ。その後、ゆっくり身体を起こします。

8

腰痛改善 ウエストシェイプ

仙腸関節回し

骨盤の骨のひとつである仙骨と腸骨の間にある仙腸関節を意識して回すと、腰痛の予防や改善に。お腹の血流もよくなり、下腹部がへこみます。

1

お腹を引っ込めたまま ゆっくり腰を回す

脚を肩幅より広めに開き、両手は腸腰筋のあたりにあて、お腹を引っ込めて鼻から息を吸いながら腰を大きく回します。

2

身体をそらさず お尻を突き出すように

お腹を引っ込めて腰を大きくゆっくり回しながら、「2回転で鼻から息を吸って3回転で口から吐く」を5回繰り返します。

3

逆回転も行う 1日合計5〜10分

逆回転を5回続けたら方向を変え、回数を減らして繰り返します。1日合計5〜10分、朝と夕方、寝る前に行うと効果的です。

9 肩こり・腰痛改善 全身シェイプ

リズム運動

**肩甲骨と腰をひねりながら動かすので、
肩周りと腰周りの血流がアップ。
肩こりと腰痛を同時にやわらげます。**

①～③をそれぞれ
「4回で吸って6回で吐く」で6セット。

1

胸の高さで両腕を左右にひねる

両腕は胸の高さに上げ、ひじを曲げて手はグーにします。脚踏み（2秒間に約3回）に合わせ、腰を左右にひねります。

2

腰の高さで両腕を左右にひねる

腰の位置でのひねりをしっかり意識しながらひざを高く上げ、腕を後ろに振ります。ひざは90度以上上げます。

3

脚踏みとテンポを合わせて腕を振る

リズムよく脚踏みし、両腕を縦に思い切り振ります。腕振りの動作を大きめに行えば、肩から腕の血行がよりよくなります。

10 脳と心をリセット

マインドフルネス⇒P.24参照

楽な姿勢で目を閉じて座り、鼻から５秒息を吸って５秒止めます。丹田を意識しながら10秒息を吐きます。

水曜日と土曜日「肩こり&腰痛改善の日」の流れ

1.肋骨と腰骨の間を伸ばす呼吸
↓
2.丹田に力を入れた呼吸
↓
3.ロングブレス
↓
4.肩甲骨トレーニング
↓
5.肩甲骨寄せ
↓
6.肩甲骨回し
↓
7.腰椎伸ばし
↓
8.仙腸関節回し
↓
9.リズム運動
↓
10.マインドフルネス

PART

5

「酵素」ファーストの ラクやせ食事術

脂肪燃焼の効果をもっと上げたいなら、
「酵素」を最優先した食事を！
たったひとつのことを守るだけで、
ますます引き締まった健康な身体が手に入りますよ。

食事 でやせるワケ

「酵素を最初に多くとる」がダイエット成功のカギ！

生のフルーツ、生野菜、発酵食品がおすすめ

いくらやせるためとはいえ、食事制限はなるべくしたくないですよね。私は一緒に食事をした方に、「意外とたくさん食べるんですね」とよく驚かれます。確かに、ほぼ毎晩お酒を飲みますし、食べる量も減らしていません。ロングブレスは筋肉量を増やしていく運動であり、筋肉は脂肪よりも多くのエネルギーを消費するからです。ただ、ひとつだけ徹底して守っていることがあります。それは、「酵素」が多く含まれる食材を最初にとること。

そもそも人間の体内には「消化酵素」と「代謝酵素」というふたつの酵素が存在します。消化酵素は食べ物の消化を助け、食欲を増進。代謝酵素は吸収された栄養を細胞に届けて代謝を促し、免疫力などを高める役割をしています。

諸説ありますが、一生のうちに体内でつくられる酵素には限りがあり、増

◉酵素が多く含まれる食材

生のフルーツ	りんご、キウイ、 パイナップル、スイカ
生野菜	キャベツ、パセリ、大根おろし、山芋、 セロリ、レタス、にんじんなど ※加熱すると酵素の働きが失われるので、生の状態で。
発酵食品	納豆、みそ、キムチ、 ぬかづけ、ヨーグルトなど

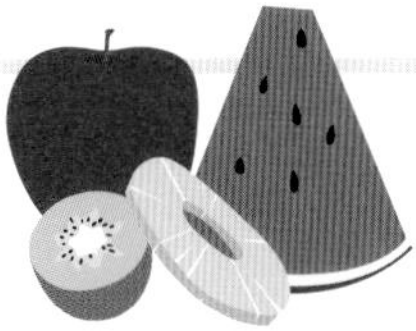

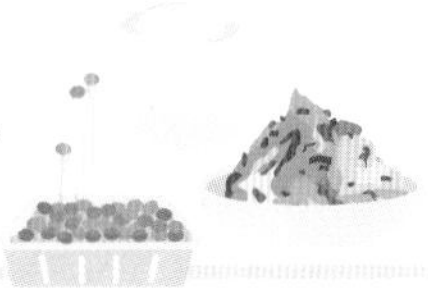

やすことはできません。そして、40歳を過ぎると酵素は急激に減少するのです。だからこそ、体内の酵素を大切に使うことが重要なんですね。

私は、生のフルーツや生野菜、発酵食品など、酵素が含まれる食材をたっぷり食べるようにしています。それらに含まれている食物酵素を最初に体内に取り入れると、次に食べる食材の消化を助け、体内の消化酵素を使わずにすみます。また、何も味付けしていない大根おろしや山芋などの生野菜、みそ、納豆、ヨーグルトなどの発酵食品も酵素が多く含まれているので、最初に口にするものとして適しています。

ちなみに、食物繊維が豊富なキャベツなどの生野菜は、血糖値の上昇度合い（GI値）を下げることにつながり、ダイエットに効果的。逆にGI値が高いとされる、白米、小麦、白砂糖などの「白い食材」には要注意です。

消化酵素と代謝酵素のバランスがとれた身体に

また、消化酵素と代謝酵素のバランスをとることも重要です。食べすぎたり、同じものばかり食べていたり、添加物や加熱食品、白い食材（精製された食材）をとりすぎたりするなど不摂生な食生活を続けていると、消化酵素が過多になり、代謝酵素が少なくなる原因に。すると、太りやすくなったり、病気になりやすくなったりします。酵素のバランスをとるためにも、生野菜やフルーツを積極的に食べましょう。

そして、酵素が働きやすい体づくりをすることも大切。体温が低いと酵素の働きは鈍くなるといわれています。

本書で紹介した「ロングブレス　1週間即やせプログラム」は筋肉の温度を上げ、基礎体温の底上げにも効果が期待できますから、ぜひ「酵素」を意識した食事法と組み合わせて実践してみてください。

Column 01

スロージューサーで作る酵素たっぷりのフルーツジュース

元気の秘訣

毎朝、無農薬栽培のりんごとにんじんをジュースにして飲んでいます。その際、熱で酵素や栄養素が失われないようにミキサーではなくスロージューサーを使用。スロージューサーを使えば酵素や栄養素の吸収もよくなるので気に入っています。気合いを入れたい日は、小松菜、レモン、りんご、パイン、生姜を入れた「ファイトケミカルジュース」を飲んで、力をつけています。

美木さん愛用の「クビンスサイレントジューサー」
写真提供元／ジャパネットたかた

Column 02

ロングブレスエクササイズは食事前に行いましょう

やせる秘訣

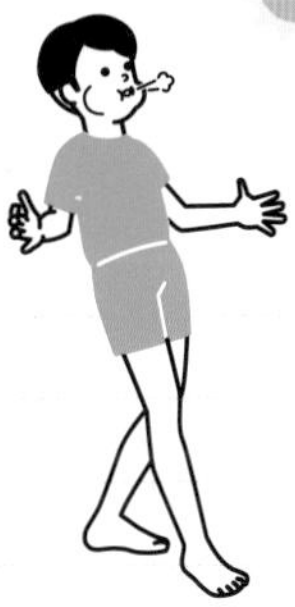

代謝をよくし脂肪を燃焼しやすくするので、ロングブレスは朝に取り組むことをおすすめしています。ただし、食事の直後は避けていただきたいです。丹田に力が入りづらくなりますし、消化が妨げられてしまう可能性も。寝ている間に筋肉が育ってつきやすくなり、朝までぐっすり眠れることから、寝る前に行うのもいいでしょう。ぜひ毎日の習慣にしてください。

おわりに

ロングブレスは未曽有の時代を生き抜くための最強メソッド

「ロングブレス 1週間即やせプログラム」はいかがでしたか?

緊急事態宣言が出されてから3か月。外出自粛が続いて太ってしまった方、在宅勤務で肩こりや腰痛に悩まされている方、そして、出口の見えない状況に不安を抱いている方など、いろいろな形で心身へのダメージを受けている方が多いように思います。それを受け、ジャパネットたかたの社員の皆さまがロングブレスで元気を取り戻してくれたように、ひとりでも多くの方の健康と精神の安定をサポートしたいと考え、この本を出版することに決めました。

本書の内容はダイエットが中心ですが、再三お伝えしてきたように、**ロングブレスには免疫力を高める効果があります。新型コロナウイルス感染症のワクチンがない今、我々の身体を守ってくれるのは免疫力以外にありません。**免疫力が高ければ、万が一感染したとしても重症化を防げるでしょう。また、**新型コロナウイルス感染症が重症化しやすいのは、高齢者、既往症のある方、喫煙者、肥満の方である**といわれています。しかし、**ロングブレスは強く長く吐く呼吸を意識的に繰り返すこと**

で、肺を強くし、体温を上げ、血流をよくし、病気になりにくく、引き締まった身体をつくります。ですから、**ロングブレスを毎日続けていれば、おのずと新型コロナウイルス対策にもつながるのです。**もう何も怖がることはありません。

とはいえ、新型コロナウイルスとの闘いはまだ始まったばかり。1日でも早くこの「1週間即やせプログラム」が皆さまの〝日常〟に取り入れられれば幸いです。毎日たった10分の努力があなたの健康を守り、最後の3分間のマインドフルネスが脳の休息や精神の安定を図ります。まずは1プログラムでいいので試してみてください。そして体温が上がり、身体が熱くなるのを体感したら、ぜひそのまま1週間続けてみてください。きっと身体が引き締まり、軽くなったと実感できるはずです。

今回のプログラムは、免疫力を上げると同時に美しくやせて、見た目も若くなる、冷え性がなくなり、姿勢もよくなり、肩こりや腰痛も改善して心も安定するなど、一石二鳥どころか、〝一石八鳥〟の最強メソッドです。私がこれまでお伝えしてきたロングブレスの集大成と言っても過言ではなく、未曽有の時代を生き抜くための武器として、すべての要素を詰め込みました。この本を手に取ってくださった方が、ロングブレスによって健康な身体と明るい心を手に入れ、前向きな日々を歩んでくださることを心から願っています。

2020年7月　美木良介

美木良介《みきりょうすけ》

1957年、兵庫県生まれ。高校在学時は野球部に所属し、74年の春のセンバツと翌年夏の甲子園に正三塁手として出場。法政大学進学後も将来を嘱望されたが、肘の故障のため野球を断念。大学卒業後はレコード会社のオーディションに応募。そのハスキーな声と歌唱力が認められ、81年1月に『涙きれいだね』で歌手デビューを果たす。84年のNHK連続テレビ小説『心はいつもラムネ色』で、主人公の親友を好演し注目を浴びる。以降はテレビドラマ・映画・舞台・CM、また歌手として幅広く活躍中。現在は「ロングブレス」の考案により、さらに活躍のフィールドを拡げている。著書に『美木良介のロングブレスダイエット』『美木良介のロングブレスダイエット 1週間即効ブレスプログラム』『美木良介のロングブレスダイエット 必やせ最強ブレスプログラム』『美木良介のロングブレスダイエット 健康ブレスプログラム』『美木良介のロングブレスダイエット 顔も身体も美しくやせるブレスプログラム』『DVDでよくわかる! 120歳まで生きるロングブレス』などがある。

ジャパネットの社員が毎朝実践する
ロングブレス
1週間即やせプログラム

2020年7月30日　第1刷発行
2020年8月10日　第2刷発行

著　者　美木良介
発行人　見城 徹
編集人　森下康樹
編集者　山口奈緒子

発行所　株式会社 幻冬舎
〒151-0051 東京都渋谷区千駄ヶ谷4-9-7

電話　03(5411)6211(編集)
　　　03(5411)6222(営業)
振替　00120-8-767643
印刷・製本所　株式会社 光邦

検印廃止

ISBN978-4-344-03642-0　C0095
幻冬舎ホームページアドレス　https://www.gentosha.co.jp/

この本に関するご意見・ご感想をメールでお寄せいただく場合は、comment@gentosha.co.jpまで。

STAFF

衣装協力／ミズノ
編集協力／樋口由夏
撮影・DVD編集／庄嶋写真事務所
ヘアメイク／馬地絵美
イラスト／スヤマミヅホ
女性モデル／北林明日香
デザイン／坂上恵子（I'll Products）
撮影協力／ロングブレススタジオ
東京都港区赤坂2-12-13
UHA味覚糖赤坂ビル2F
http://www.longbreath.jp/